Dieses zauberhafte
Tagebuch gehört:

_____

Wenn gefunden,
bitte ungelesen (!)
zurückgeben.

Noch mehr tolle Bücher, viele Videos und Ideen zum Basteln, Rätseln, Backen, Zeichnen und Spielen gibt's hier: baumhausbande.com.

Die Bastei Lübbe AG verfolgt eine nachhaltige Buchproduktion. Wir verwenden Papiere aus nachhaltiger Forstwirtschaft und verzichten darauf, Bücher einzeln in Folie zu verpacken. Wir stellen unsere Bücher in Deutschland und Europa (EU) her und arbeiten mit den Druckereien kontinuierlich an einer positiven Ökobilanz.

Originalausgabe

Copyright © 2025 by Bastei Lübbe AG,
Schanzenstraße 6–20, 51063 Köln, Deutschland

Bei Fragen zur Produktsicherheit wenden Sie sich bitte an:
Produktsicherheit@bastei-luebbe.de

Vervielfältigungen dieses Werkes für das Text- und Data-Mining bleiben vorbehalten. Die Verwendung des Werkes oder Teilen davon zum Training künstlicher Intelligenz-Technologien oder -Systeme ist untersagt.

Umschlaggestaltung: Matthias Kapusta
unter Verwendung der Illustrationen von SaBine Büchner
Innenillustrationen von SaBine Büchner, Konzept auf Basis
der Geschichten um Petronella Apfelmus von Sabine Städing
Gestaltung und Satz: Matthias Kapusta
Redaktion: Greta Steenbock
Gesetzt aus der Kitsu XD und Adobe Caslon Pro
Druck und Einband: Druk-Intro S.A.
Printed in Poland
ISBN 978-3-8339-0979-5

5 4 3 2 1

Sabine Städing
SaBine Büchner

Petronella Apfelmus

Mein zauberhaftes
Tagebuch

DAS BIN ICH

MEIN FOTO

So heiße ich: _____

Das finde ich super: _____

_____

Das mag ich gar nicht: _____

SO BIN ICH:

- ☐ fröhlich
- ☐ mutig
- ☐ wild
- ☐ frech
- ☐ lustig
- ☐ sportlich
- ☐ entspannt
- ☐ hilfsbereit
- ☐ neugierig
- ☐ zauberhaft

Mein Lieblingsbuch: _____

Mein Lieblingsfilm: _____

Das mache ich super gerne: _____
_____

Da möchte ich einmal auf dem Besen hinfliegen: _____
_____

DARAUF FREUE ICH MICH DIESES JAHR AM MEISTEN:

Datum: _____

_____
_____
_____
_____
_____
_____
_____
_____
_____
_____
_____
_____
_____

Lausche dem Rauschen der Bäume im Wind.

Datum: _____

Datum: _____

Datum: _____

Datum: _____

_____
_____
_____
_____
_____
_____
_____
_____

_____
_____
_____
_____
_____
_____
_____

Datum: _____

_____
_____
_____
_____
_____
_____
_____
_____
_____
_____
_____
_____
_____
_____

Ich bin stark.

Datum: _____

Datum: _____

MEINE WOCHE

Mein schönstes Erlebnis in dieser Woche:

_____

_____

_____

Dafür bin ich dankbar:

_____

_____

_____

So fühle ich mich heute: Male hier ein eigenes Gesicht rein.

☺ 😜 ☹ 😴 😖 ◯

☐ ☐ ☐ ☐ ☐ ☐

Das will ich nächstes Mal besser machen:

_____
_____
_____

Das habe ich Gutes getan:

_____
_____
_____

Diese Woche war super, weil:

_____
_____
_____

Darauf bin ich stolz:

_____
_____
_____

Datum: _____

_____
_____
_____
_____
_____
_____
_____
_____
_____
_____
_____
_____
_____
_____

Beobachte die Wolken am Himmel.

Datum: _____

Datum: _____

Datum: _____

Datum: _____

Datum: _____

_____
_____
_____
_____
_____
_____
_____
_____
_____
_____
_____
_____
_____
_____

Ich darf Fehler machen.

Datum: _____

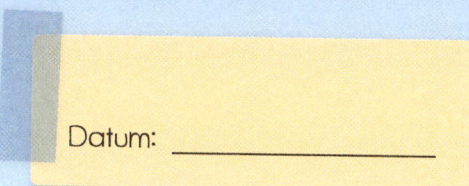

Datum: _____

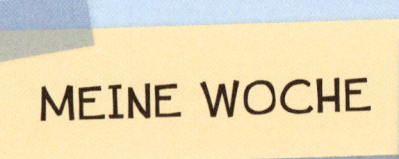

MEINE WOCHE

Mein schönstes Erlebnis in dieser Woche:

_____

_____

_____

Dafür bin ich dankbar:

_____

_____

_____

So fühle ich mich heute: Male hier ein eigenes Gesicht rein.

     ☐

Das will ich nächstes Mal besser machen:

_____

_____

_____

Das habe ich Gutes getan:

_____

_____

_____

Diese Woche war super, weil:

_____

_____

_____

Darauf bin ich stolz:

_____

_____

_____

SÄHE EINEN BLÜHSTREIFEN

Dafür brauchst du nur ein Stückchen freie Erde, ein Tütchen Wildblumensamen und Wasser. Harke die Erde etwas an, säe die Samen aus und drücke sie fest. Gieße sie dann vorsichtig. Bis zum Keimen müssen die Samen feucht gehalten werden.

WELCHE WILDBLUMEN KENNST DU?

Schreibe hier die Namen der Wildblumen auf, die du kennst, und finde noch mehr heraus!

_____

_____

_____

_____

_____

_____

_____

_____

_____

_____

Datum: _____

_____
_____
_____
_____
_____
_____
_____
_____
_____
_____
_____
_____
_____

Denk vor dem Schlafengehen an etwas Schönes.

Datum: _____

Datum: _____

Datum: _____

Datum: _____

_____
_____
_____
_____
_____
_____
_____

Datum: _____

Beobachte die Tiere, die draußen unterwegs sind.

 Datum: _____

Datum: _____

MEINE WOCHE

Mein schönstes Erlebnis in dieser Woche:

_____

_____

_____

Dafür bin ich dankbar:

_____

_____

_____

So fühle ich mich heute:

Male hier ein eigenes Gesicht rein.

Das will ich nächstes Mal besser machen:

_____

_____

_____

Das habe ich Gutes getan:

_____

_____

_____

Diese Woche war super, weil:

_____

_____

_____

Darauf bin ich stolz:

_____

_____

_____

Datum: _____

_____
_____
_____
_____
_____
_____
_____
_____
_____
_____
_____
_____
_____
_____
_____
_____
_____
_____

Ich glaube an mich und meine Stärken.

Datum: _____

Datum: _____

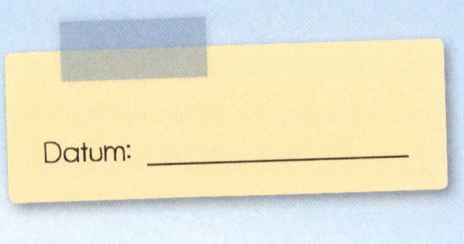

Datum: _____

_____
_____
_____
_____
_____
_____
_____
_____
_____
_____
_____
_____
_____
_____
_____
_____

Datum: _____

_____
_____
_____
_____
_____
_____
_____
_____
_____
_____
_____
_____
_____
_____

Ich bin gut so,
wie ich bin.

Datum: _____

Datum: _____

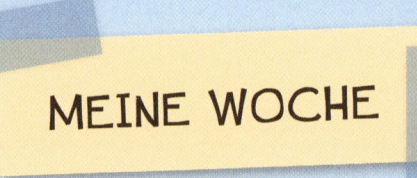
MEINE WOCHE

Mein schönstes Erlebnis in dieser Woche:

_____

_____

_____

Dafür bin ich dankbar:

_____

_____

_____

So fühle ich mich heute:

Male hier ein eigenes Gesicht rein.

Das will ich nächstes Mal besser machen:

_____

_____

_____

Das habe ich Gutes getan:

_____

_____

_____

Diese Woche war super, weil:

_____

_____

_____

Darauf bin ich stolz:

_____

_____

_____

BASTELE EIN BLÜTEN-MOBILE

DU BRAUCHST DAFÜR:
- Weißen oder transparenten Bastelkleber
- Kleine Deckel von alten Gläsern oder Chipsdosen
- Kleine getrocknete Blüten
- Bunte Perlen mit Loch
- Schnur
- Kleiner Ast zum Aufhängen
- Locher

Pflücke ein paar kleine Blüten. Um sie zu trocknen, legst du sie für einige Tage zwischen die Seiten eines Buches.

Befülle die Deckel mit einer Schicht Bastelkleber und lege die Blüten darauf.
Lass den Kleber gut durchtrocknen. Das kann ein paar Tage dauern! Löse die entstandene Scheibe dann aus dem Deckel.

Stanze nun mit einem Locher ein Loch in die Blütenscheibe. Ziehe ein Stück Schnur hindurch. Knote die Schnur direkt an der Scheibe an. Nun ziehst du noch Perlen auf die Schnur.

Wiederhole dies mehrmals, bis du einige Blütenscheiben zusammenhast. Mach die Schnüre unterschiedlich lang.

Nun kannst du das Blüten-Mobile an einem Stock befestigen und diesen aufhängen.

Datum: _____

_____
_____
_____
_____
_____
_____
_____
_____
_____
_____
_____
_____
_____
_____
_____

Geh hinaus und sammle schöne Steine.

Datum: _____

_____
_____
_____
_____
_____
_____
_____
_____
_____
_____
_____
_____
_____

Datum: _____

Datum: _____

Datum: _____

Datum: _____

_____

_____

_____

_____

_____

_____

_____

_____

_____

_____

_____

_____

Ich kann Neues lernen.

Datum: _____

_____
_____
_____
_____
_____
_____
_____
_____

_____
_____
_____
_____
_____
_____
_____

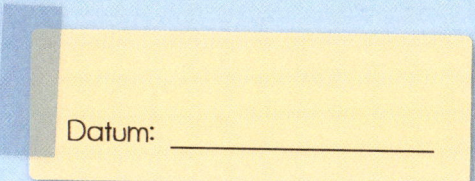

Datum: _____

_____
_____
_____
_____
_____
_____
_____
_____
_____
_____
_____
_____
_____
_____
_____
_____

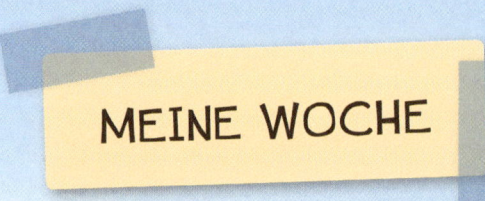

MEINE WOCHE

Mein schönstes Erlebnis in dieser Woche:

_____

_____

_____

Dafür bin ich dankbar:

_____

_____

_____

So fühle ich mich heute:

Male hier ein eigenes Gesicht rein.

☐ ☐ ☐ ☐ ☐ ☐

Das will ich nächstes Mal besser machen:

_____
_____
_____

Das habe ich Gutes getan:

_____
_____
_____

Diese Woche war super, weil:

_____
_____
_____

Darauf bin ich stolz:

_____
_____
_____

Datum: _____

_____
_____
_____
_____
_____
_____
_____
_____
_____
_____
_____
_____
_____

Ich bin wichtig.

Datum: _____

Datum: _____

Datum: _____

Datum: _____

Datum: _____

Ich bin klug.

Datum: _____

Datum: _____

_____
_____
_____
_____
_____
_____
_____
_____
_____
_____
_____
_____
_____
_____

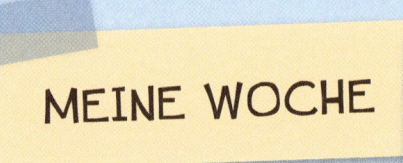

MEINE WOCHE

Mein schönstes Erlebnis in dieser Woche:

_____

_____

_____

Dafür bin ich dankbar:

_____

_____

_____

So fühle ich mich heute: Male hier ein eigenes Gesicht rein.

☐   ☐   ☐   ☐   ☐   ☐

Das will ich nächstes Mal besser machen:

_____
_____
_____

Das habe ich Gutes getan:

_____
_____
_____

Diese Woche war super, weil:

_____
_____
_____

Darauf bin ich stolz:

_____
_____
_____

BAUE EINE INSEKTENTRÄNKE

DU BRAUCHST DAFÜR:
- Kleine Steine, etwas Moos
- Blumentopf aus Ton mit etwa 20 cm Durchmesser und einen Untersetzer, etwa 23,5 cm
- Wasser

Möchtest du den Insekten in deiner Umgebung etwas Gutes tun? Dann baue ihnen eine Tränke. Sie finden im Sommer oft nicht genug Wasser.

Such einen Platz für die Tränke. Dort stellst du zuerst den Tontopf falschherum hin. Der Untersetzer wird darauf gestellt. Damit er nicht wegrutscht, kannst du ihn zum Beispiel mit Heißkleber festkleben. Lass dir dabei am besten helfen.

Nun sammelst du einige verschieden große Steine und etwas Moos. Lege alles in den Untersetzer. Dann füllst du Wasser hinein.

Moos und Steine dienen den Insekten als Landeplatz, damit sie nicht ertrinken. Sie müssen also aus dem Wasser herausragen.

Fülle das Wasser regelmäßig nach und halte die Tränke sauber.

Datum: _____

Ich bin wertvoll.

Datum: _____

Datum: _____

Datum: _____

Datum: _____

Datum: _____

_____
_____
_____
_____
_____
_____
_____
_____
_____
_____
_____
_____
_____
_____
_____
_____
_____
_____

Lausche dem Rauschen der Bäume im Wind.

Datum: _____

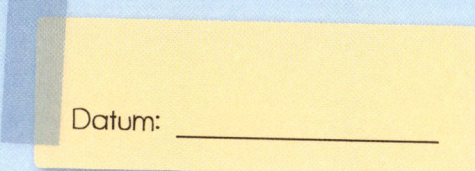

Datum: _____

_____
_____
_____
_____
_____
_____
_____
_____
_____
_____
_____
_____
_____
_____
_____
_____

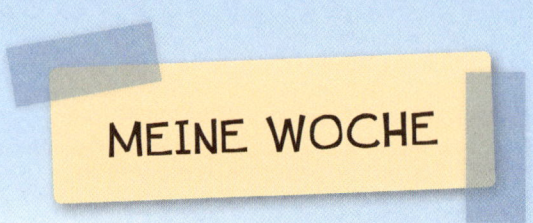

MEINE WOCHE

Mein schönstes Erlebnis in dieser Woche:

_____

_____

_____

Dafür bin ich dankbar:

_____

_____

_____

So fühle ich mich heute:

Male hier ein eigenes Gesicht rein.

☐   ☐   ☐   ☐   ☐   ☐

Das will ich nächstes Mal besser machen:

_____

_____

_____

Das habe ich Gutes getan:

_____

_____

_____

Diese Woche war super, weil:

_____

_____

_____

Darauf bin ich stolz:

_____

_____

_____

Datum: _____

_____
_____
_____
_____
_____
_____
_____
_____
_____
_____
_____
_____
_____
_____

Ich bin stark. _____

Datum: _____

_____
_____
_____
_____
_____
_____
_____
_____
_____
_____
_____
_____
_____
_____

Datum: _____

Datum: _____

Datum: _____

_____
_____
_____
_____
_____
_____

_____
_____
_____
_____
_____
_____
_____

Datum: _____

Beobachte die Wolken am Himmel.

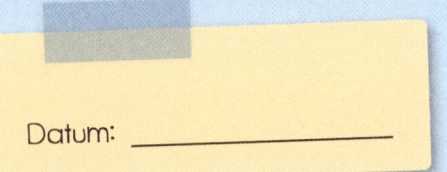
Datum: _____

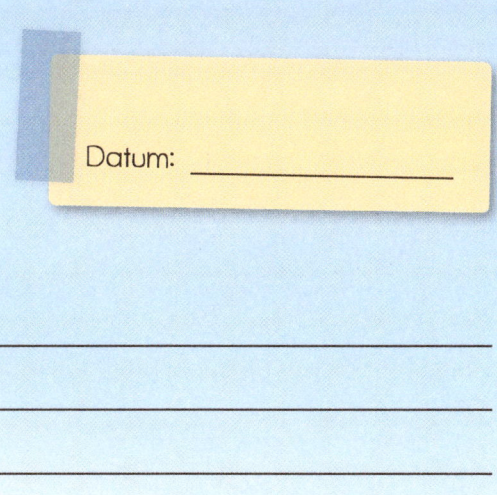

Datum: _____

_____
_____
_____
_____
_____
_____
_____
_____
_____
_____
_____
_____
_____
_____
_____
_____

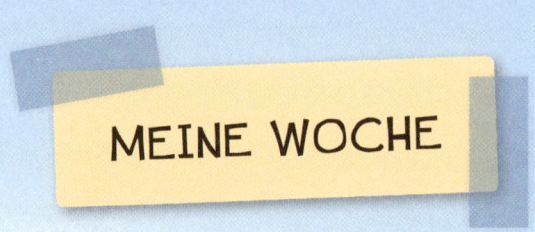

MEINE WOCHE

Mein schönstes Erlebnis in dieser Woche:

_____

_____

_____

Dafür bin ich dankbar:

_____

_____

_____

So fühle ich mich heute:

Male hier ein eigenes Gesicht rein.

Das will ich nächstes Mal besser machen:

_____

_____

_____

Das habe ich Gutes getan:

_____

_____

_____

Diese Woche war super, weil:

_____

_____

_____

Darauf bin ich stolz:

_____

_____

_____

MEINE BESTEN FREUNDINNEN UND FREUNDE:

Platz für ein Foto

Name: _____

Das verbindet uns: _____
_____

Platz für ein Foto

Name: _____

Das verbindet uns: _____
_____

Platz für ein Foto

Name: _____

Das verbindet uns: _____
_____

Platz für ein Foto

Name: _____

Das verbindet uns: _____
_____

Platz für ein Foto

Name: _____

Das verbindet uns: _____
_____

Platz für ein Foto

Name: _____

Das verbindet uns: _____
_____

Datum: _____

_____
_____
_____
_____
_____
_____
_____
_____
_____
_____
_____
_____
_____
_____

Ich darf Fehler machen.

Datum: _____

Datum: _____

Datum: _____

Datum: _____

Datum: _____

_____
_____
_____
_____
_____
_____
_____
_____
_____
_____
_____
_____
_____
_____

Denk vor dem Schlafengehen an etwas Schönes.

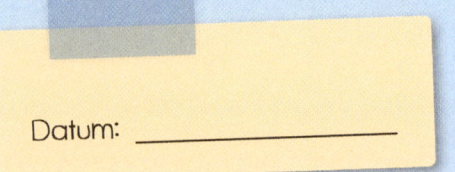
Datum: _____

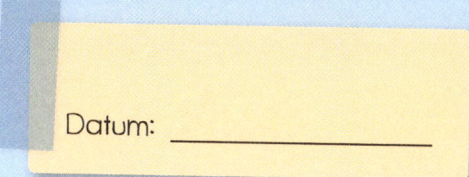

Datum: _____

_____
_____
_____
_____
_____
_____
_____
_____
_____
_____
_____
_____
_____
_____
_____
_____
_____

MEINE WOCHE

Mein schönstes Erlebnis in dieser Woche:

_____

_____

_____

Dafür bin ich dankbar:

_____

_____

_____

So fühle ich mich heute:

Male hier ein eigenes Gesicht rein.

Das will ich nächstes Mal besser machen:

_____

_____

_____

Das habe ich Gutes getan:

_____

_____

_____

Diese Woche war super, weil:

_____

_____

_____

Darauf bin ich stolz:

_____

_____

_____

Datum: _____

Datum: _____

_____
_____
_____
_____
_____
_____
_____

Beobachte die Tiere, die draußen unterwegs sind.

_____
_____
_____
_____
_____
_____
_____
_____

Datum: _____

Datum: _____

Datum: _____

Datum: _____

Ich glaube an mich und meine Stärken.

Datum: _____

_____
_____
_____
_____
_____
_____
_____
_____
_____
_____
_____
_____
_____

Datum: _____

_____
_____
_____
_____
_____
_____
_____
_____
_____
_____
_____
_____
_____
_____
_____
_____
_____
_____

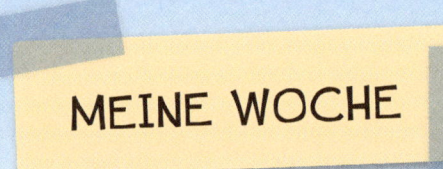

MEINE WOCHE

Mein schönstes Erlebnis in dieser Woche:

_____

_____

_____

Dafür bin ich dankbar:

_____

_____

_____

So fühle ich mich heute:

Male hier ein eigenes Gesicht rein.

☐ ☐ ☐ ☐ ☐ ☐

Das will ich nächstes Mal besser machen:
_____
_____
_____

Das habe ich Gutes getan:
_____
_____
_____

Diese Woche war super, weil:
_____
_____
_____

Darauf bin ich stolz:
_____
_____
_____

Datum: _____

_____
_____
_____
_____
_____
_____
_____
_____
_____
_____
_____
_____
_____
_____

Ich bin gut so, wie ich bin.

Datum: _____

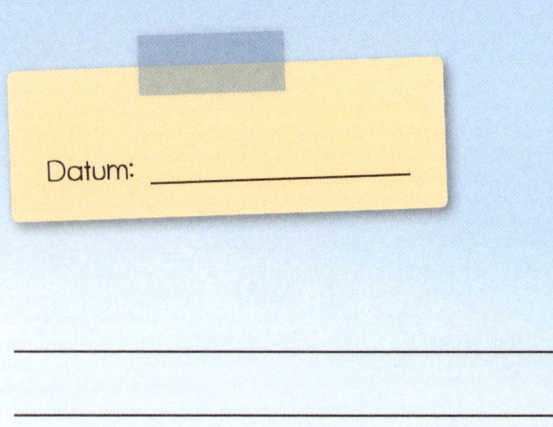

Datum: _____

Datum: _____

ZAUBER DER ZUKUNFT

So werde ich in 20 Jahren leben –
kreuze an und fülle aus.

Hier wohne ich: _____
_____
_____

Ich

☐ bin verheiratet _____

☐ lebe zusammen mit _____

☐ lebe alleine

Ich habe _____ Kinder.

Ich habe ein Haustier:

☐ Ja, und zwar: _____

☐ Nein

Mein Beruf ist:

_____

_____

So sieht ein typischer Tag bei mir aus:

_____

_____

Das wird sich nicht verändert haben:

_____

_____

Aber dafür wird das ganz anders sein:

_____

_____

Am meisten genieße ich:

_____

_____

_____

_____

NOTIZEN

Hier kannst du alles festhalten, was du nicht vergessen möchtest – Geschenkideen, Wünsche, Termine und Ähnliches.

_____
_____
_____
_____
_____
_____
_____
_____
_____
_____
_____
_____

Tauche ein in die Welt von Petronella Apfelmus

Romane

     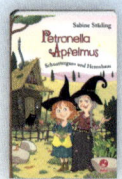

- Verhext und festgeklebt
- Zauberschlaf und Knallfroschchaos
- Schneeballschlacht und Wichtelstreiche
- Zauberhut und Bienenstich
- Hexenbuch und Schnüffelnase
- Schnattergans und Hexenhaus

 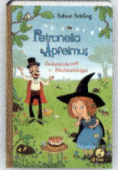    

- Hexenfest und Waldgeflüster
- Zaubertricks und Maulwurfshügel
- Eismagie und wilde Wichte
- Burggespenst und Hexensümpfe
- Zauberei und Eulenschrei

Lesebücher (2. Klasse)

- Überraschungsfest für Lucius
- Wer schleicht denn da durchs Erdbeerbeet?
- Krawall im Hühnerstall
- Spargelzahn zieht um

Alle Abenteuer von Petronella gibt es auch als Hörbuch oder Hörspiel.